Renate & Uwe H. Sültz

Bücher von A bis Z

Wir ♥ Harbshausen

am Edersee

BoD - Books on Demand

Norderstedt 2022

Bibliografische Information durch die Deutsche Nationalbibliothek

Die Deutsche Nationalbibliothek verzeichnet diese Publikation in der Deutschen Nationalbibliografie; detaillierte bibliografische Daten sind im Internet über http://dnb.dnb.de abrufbar.

Herstellung und Verlag: BoD – Books on Demand, Norderstedt
ISBN 9-78375-6-21030-5

Vorwort:

In unserem heutigen Buch stellen wir Harbshausen am Edersee vor. Sie sind in Ihrem Urlaubsquartier, das Wetter ist herrlich, was kann nun erlebt werden? Das Buch beginnt mit Kindergeschichten, falls es regnet oder vor dem Zubettgehen. Die Bayern haben ihren Kobold Pumuckl und die Norddeutschen haben ihren Fitus. Der Kobold Fitus lebt auf der Insel Sylt. Auch er möchte gern am Edersee mit seinen Freunden Urlaub machen. In diesem Buch werden Erlebnisse darüber erzählt. Übrigens waren auch die Ludolfs hier in Harbshausen. Ihr Urlaubsquartier nahmen sie auf dem Bauernhof Büchsenschütz ein. Immerhin haben auch wir einen raren Renault ALPINE hier entdeckt.

Zuallererst gibt es aber Tipps für schöne Familienausflüge. Beachten Sie das Straßenschild, welches die Richtung zu den Alpakas und zur Himmelsbreite anzeigt. Dies ist das besondere Fleckchen Erde zwischen dem Nationalpark Kellerwald und dem Edersee.

Es geht im Buch weiter mit Informationen über Harbshausen, sowie eine Rundfahrt als Bilder.

Harbshausen kann, sowie alle Orte rund um den Edersee, als Startpunkt für viele wunderschöne Urlaubstage und Erlebnisse dienen.

Wir sind in jedem Jahr hier zu finden. In einer der Ferienwohnungen der lieben Familie Büchsenschütz, genießen wir die Natur und die Ruhe und schreiben Bücher.

Eine schöne Urlaubszeit wünschen

Renate und Uwe H. Sültz mit Lilly Mops

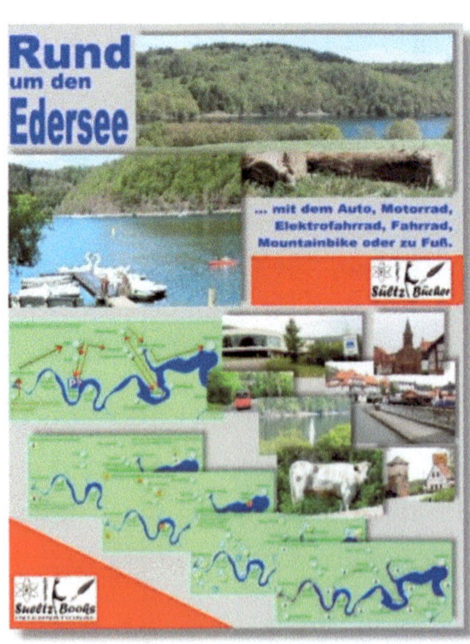

Eddi, der Waschbär,
heißt alle Leser
herzlich willkommen!

Im Wildtierpark,
Am Bericher Holz 1,
34549 Edertal-Hemfurt,
zeigt euch Eddi seine Freunde aus
dem Wald. An zahlreichen Spiel- und
Erlebnismodulen lernt ihr seine Heimat
kennen.

geführte Alpaka-Touren
Kellerwald
Alpakas
Anmeldung:
Thomas Gerdau
Seestrasse 5
Tel. 05635 1057
oder 0151 27168855
www.kellerwald-alpakas.de

Los geht es mit den Kindergeschichten zum Selbstlesen oder zum Vorlesen.

Die Schrift ist etwas größer dargestellt:

<u>Fitus und seine Freunde suchen eine Wohnung am Edersee</u>

Nach längerer Zeit wollen der Kobold Fitus und seine Freunde einmal wieder den Ritter Kunibert besuchen. Der Ritter wohnt im Schloss Waldeck am Edersee. Nach der langen Reise mit dem Zug wollen sich alle zunächst mit leckeren Brötchen stärken. Auf geht es in die Bäckerei Ederblick. „Moin!", rief Fitus, der ja von der Insel Sylt kommt. „Hallo!", entgegnete die nette Bäckerin. „Was darf es sein?"
„Unsere Freunde Renate und Uwe empfehlen die superleckeren belegten Brötchen, den tollen Kuchen und das

wunderbare Eis! Und bitte eine Runde vom köstlichen Kakao mit viel Sahne, bitte!", rief Fitus der Bäckerin zu. Nach dieser Stärkung quartierten sich die Freunde auf dem Campingplatz in Asel-Süd ein. In dem kunterbunten Campingwagen fühlen sich Fitus, mit dem Zauberer Merlin, dem Clown Ferdinand, dem Raben Roger, dem Hund Zottel und natürlich mit dem Schweinchen Klecks pudelwohl. Es ist zwar etwas eng, aber liebe Freunde schaffen das schon. Auf dem Campingplatz sind ein herrlicher Spielplatz und viele Boote zum Ausleihen zu finden. Und demnächst geht es dann zu Ritter Kunibert auf das Schloss Waldeck, aber zuerst wird gespielt und getobt.

Der Lindwurm von Harbshausen

Heute wollen Fitus und seine Freunde einen Ausflug zur Sommerrodelbahn in Nieder-Werbe unternehmen. Doch weit kommen sie nicht, denn in Harbshausen sehen sie, wie die Bewohner aufgeregt hin und her liefen. Nun gut, dann muss die Sommerrodelbahn Edersee eben etwas warten. „Was ist denn hier los?", fragt Fitus. „Kann ich helfen?" „Oh, das wäre schön, lieber Fitus", sagte Herr Müller darauf, „Dort wo das Feuerwehrhäuschen ist, da treibt der Lindwurm sein Unwesen."

Dazu müsst ihr etwas wissen, liebe Kinder, dass vor langer Zeit der Lindwurm schon einmal die Bewohner in Harbshausen in Angst und Schrecken versetzt hatte. Und ein Lindwurm ist nicht etwa nur ein kleiner Regenwurm, nein, nein, ein Lindwurm ist ein Drache. Ein riesiges Ungeheuer.

Eure Eltern und Großeltern kennen Drachen aus dem Nibelungenlied, als Siegfried mit einem Drachen kämpfte. Und jetzt muss Fitus den Drachen, oder auch Lindwurm genannt, besiegen.

Damals, als der Dorfteich in Harbshausen gereinigt wurde, kam der Lindwurm aus der Tiefe empor, schnappte nach den Dorfbewohnern und wollte diese fressen.

Aber alle Dorfbewohner hielten zusammen und fesselten den Lindwurm und warfen ihn wieder zurück in den Dorfteich. So konnten sie das Böse besiegen. Aufgrund ihrer Tapferkeit wurden die Dorfbewohner nun die Lindwürmer genannt.

Nun gut, das war damals, heute muss Fitus den Lindwurm besiegen. Sofort laufen Fitus und seine Freunde zum Feuerwehrhäuschen. Und dort lag der Lindwurm vor den Toren und fauchte fürchterlich. Feuer kam aus seinem riesigen Maul. Die Dorfbewohner hätten ihn ja mit einem Wasserstrahl verjagen können, aber sie kamen nicht am Lindwurm vorbei.

„Schnell, lieber Zauberer, zaubere mir ein
Schwert herbei!", rief Fitus. Mutig sprang
Fitus auf den Drachen und pikste ihn in
den Po. Erschrocken drehte sich der Drache
zu Fitus und fauchte ihn grimmig an.
Blitzschnell liefen alle Freunde, das
Schweinchen Klecks, der Zauberer Merlin,

der Clown Kunibert und Zottel, der Hund,
um den Drachen herum und fesselten ihn.

Egal, ob wir jetzt Drachen oder Lindwurm
sagen, er war nun mit einer dicken Kette
gefesselt. Der Rabe Roger setzte sich auf
die Nase des Lindwurms und kitzelte ihn so
sehr, dass er nur noch niesen musste. So
konnte er kein Feuer speien. Alle Freunde,
auch die Dorfbewohner, packten den
Lindwurm und warfen ihn zurück in den
Dorfteich. Mit einem Zauberspruch
versiegelte der Zauberer nun den Dorfteich
endgültig. Nie mehr wird der Lindwurm ans
Tageslicht kommen, dank der Hilfe von
Kobold Fitus und seinen Freunden.

Fitus und seine Freunde besuchen den Ritter Kunibert im Schloss Waldeck

Ihr kennt Kunibert sicher noch aus den ersten Geschichten. Damals war er noch recht dick und traurig, weil er nicht in seine geliebte Ritterrüstung passte. Jetzt ist er schlank und wieder stark.

In dem großen Schloss Waldeck, hoch oben auf dem Berge, wohnt Kunibert schon recht lange. Regelmäßig kommen Besucher, um das schöne Schloss zu besichtigen. Kunibert freut sich immer und begrüßt die Leute mit einem Handschlag. Alle Besucher sind jedes Mal begeistert von dem prächtigen Schloss.

Doch von einem Tag zum anderen ist plötzlich alles anders. Um Hilfe rufend, rennen einige Besucher wieder aus dem Schloss, weil es angeblich spukt. Das kann Kunibert nicht glauben. In seinem Schloss soll ein Geist sein Unwesen treiben? Niemals. Doch die Hilferufe werden immer lauter und eindringlicher.

Kunibert bekommt Angst, dass keiner mehr sein Schloss besuchen will. Ab sofort kümmert er sich selbst um das angebliche Gespenst. Noch am selben Abend geht er alleine durch das riesige Schloss und untersucht jeden Raum. Auch die Kellergewölbe sieht er sich an.

Augenblicklich hört er ein leises Weinen und Wimmern, welches immer deutlicher wird. Trotzdem kann Kunibert nichts finden und zieht sich wieder zurück.

Die Wochen vergehen. Die Besucher werden immer weniger und der stolze Ritter will noch einmal in die Kellergewölbe hinunter-gehen. Die Besucher sind einfach auch seine Freunde und die will Kunibert nicht verlieren. Es ist einfach seine Pflicht, das Gespenst zu fangen. Mit einer brennenden Feuerfackel läuft Kunibert durch die Gänge, wobei ihm selbst eine panische Angst befällt. Mit ruhiger Stimme versucht der Ritter den Geist anzulocken.

Langsam erscheint ein Wesen aus dem Dunkeln des Kellers. Ein junges Mädchen mit langen Haaren und zerfetztem Kleid tritt hervor. In den Händen hält sie einen Liebesbrief ihres Verlobten. Ihr Vater war ein Graf, der mit seiner Familie einst in diesem Schloss wohnte. Mit schluchzender Stimme erzählt das Mädchen, warum sie nicht zur Ruhe kommen kann. Sie sagt, dass ihr Vater, der Graf, nicht zuließ, dass sie sich mit einem bürgerlichen Jungen verloben wollte. Sie erzählt, dass der Vater sehr böse wurde und sie hier in diesem Keller einsperren ließ. Die neue Frau an Vaters Seite verbot ihm nach mir zu sehen; und alle ließen mich einfach hier verhungern.

Das recht blasse Mädchen weinte. Kunibert fragt sie, was er denn nun tun solle, um ihr zu helfen. Sie will, dass der Ritter allen Besuchern erklärt, warum die Prinzessin hier unten in den tiefsten Kellergewölben eingesperrt wurde. Und, dass sich alle Menschen lieb haben dürfen, alle Menschen! Nur dann kann sie endlich ihre Ruhe finden und muss nicht mehr spuken.

Ritter Kunibert hat alles verstanden und klärt ab sofort seine Besucher über die weinende Prinzessin auf. Von nun an tanzt das Mädchen in einem weißen Kleid fröhlich nach Mitternacht durch das Schloss.

WALDECKER BERGBAHN
Sültz Bücher
BOOTSVERLEIH

Und nun freut sich Ritter Kunibert über seine Freunde, die er jeden Augenblick erwartet. Von der Ferne sieht er schon den Raben Roger heranfliegen. Und unten auf dem Weg zum Schloss laufen Zottel und das Schweinchen Klecks um die Wette. Schnell läuft Kunibert zum Schlosstor und öffnet dieses aufgeregt. Und da kommen sie endlich, das Schweinchen Klecks, der Rabe Roger, der Clown Ferdinand, der Zauberer Merlin und Fitus, der Kobold. Alle umarmen sich und sind nun glücklich, wieder vereint zu sein.

<u>Hier noch einmal die Geschichte</u>

<u>„Der dicke Ritter Kunibert, genannt Berti"</u>

Im Schloss Waldeck am Edersee, lebte einst ein sehr dicker Ritter. Er war ganz allein und hatte niemanden. Nur sein Knappe Jonas war immer bei ihm. Berti schämte sich wegen seiner Figur und verließ darum auch das Schloss nicht mehr. Er passte auch in keine Rüstung mehr hinein. Viel zu gerne aß er fettes Essen. Einst hatte er eine tolle Figur und eine Rüstung auf Maß gefertigt. Wenn Kämpfe stattfanden, war er an vorderster Front zu finden.

Stolz glänzte er auf seinem schwarzen Pferd. Aber das ist lange her.

Sein Knappe Jonas sagte eines Morgens zu ihm: „Was nutzt dir dieses schöne Schloss, wenn du allein bist. Du musst in deine Rüstung passen, dann kannst du wieder unter deines gleichen gehen." Der dicke Ritter überlegte: „Recht hast du Jonas, dann bekomme ich auch sicher eine Frau und meine Freunde kommen zurück." Weiter sagte er: „Dann kann ich auch wieder an den Kämpfen teilnehmen, was ich mit Stolz tat. Aber ich esse so gern, das wird nicht leicht." Der Ritter konnte die ganze Nacht nicht schlafen und wälzte sich von einer Seite auf die andere. Am anderen Morgen war Berti wie umgewandelt.
Er rief nach seinem Knappen Jonas.

Beide überlegten, was zu tun sei. Berti nahm nur noch Gemüse zu sich und ließ sich die Früchte schmecken, die rings um Schloss Waldeck wuchsen. Mehrmals am Tage lief er zu Fuß um sein Schloss herum.

Das war ganz schön anstrengend, gerade wenn man so dick ist. Aber Berti hielt durch. der Erfolg ließ nicht lange auf sich warten. Eines Tages rief der Ritter: „Jonas komm mal schnell her!" Der Knappe rannte aufgeregt zu seinem Herrn, weil er dachte, es sei etwas Schlimmes geschehen. Berti stand in seiner Ritterrüstung vor ihm und war sehr stolz. Nun konnte er wieder mit seinem Rappen an allen Kämpfen teilnehmen und lernte auch eine Frau kennen, die er heiratete. Er nahm sie mit auf sein Schloss und war von Stund' an nie mehr einsam.

<u>**Alarm am Edersee – Wo ist das Wasser geblieben?**</u>

Als Fitus mit seinen Freunden im Frühling den Edersee besuchten, fuhren sie noch mit dem Tretboot und dem Ruderboot über den See. So sah es im Frühling aus:

Nun ist der Frühling vorbei und auch der
Sommer. Es ist Herbst, bald steht der
Winter vor der Tür. Übrigens gibt es ein
schönes Weihnachtsbuch mit Fitus und
seinen Freunden. Jetzt fallen die Blätter
von den Bäumen. Die Freunde stärken sich
wieder im Café Ederblick, wo schon recht
wenig Wasser zu sehen ist. Jetzt liefen sie
am Ufer entlang. „Da ist ja gar kein Wasser
mehr im Edersee!", ruft das Schweinchen
Klecks. Zottel sagt leise: „Ich traue mich
gar nicht etwas zu trinken, nachher haben
die Schwäne nichts mehr."

Der Rabe Roger ruft aus dem Flug von oben:
„Fitus! Kein Wasser in Sicht! Du musst

handeln!" Der Zauberer meinte dazu:
„Da sollten wir zunächst einmal den
Bürgermeister von Waldeck fragen, was
hier los ist." „Ja, das ist eine gute Idee.
Nur, heute ist Sonntag", sagt der Ritter
Kunibert. Fitus dazu: „Wir werden sehen,
was wir tun können!" Alle gehen nun weiter
in Richtung Stauseemauer. Bei Asel ruft das
Schweinchen Klecks: „Seht dort, da wurde
eine Brücke gebaut, extra um über die Eder
zu laufen. Hängt das mit dem wenigen
Wasser zusammen?"

Als sie in Waldeck angekommen sind,
schellten sie beim Bürgermeister an.

ASEL

Aber der Bürgermeister hält gerade eine Rede in Bad Wildungen. Fitus rief: „Los Freunde, wir müssen handeln!" Sofort laufen sie zum Stausee. Fitus bemerkt sofort ein geöffnetes Ventil an der Stauseemauer. Das Wasser läuft aus dem Stausee heraus. „Ich löse das Problem, indem ich die große Ventilschraube zudrehe!", ruft Fitus. Gesagt, getan! Fitus sprang hinunter und erledigte den Job. „Hm! Das wird ja lange dauern, bis das Wasser den Stausee füllt. Vielleicht zu lange, und viele Fische werden sterben", überlegt Fitus. Der Zauberer sagt: „Jetzt bin ich an der Reihe, Fitus. Ich zaubere viel Wasser in den Stausee."

Und ruckzuck ist der Stausee randvoll gefüllt. Fische und Schwäne jubelten. Als sie nun auf der Staumauer sitzen, kam der Bürgermeister vorgefahren. Er steigt aus und staunt: „Was ist denn hier passiert? Ich traue meinen Augen nicht!"

„Das sind wir gewesen!", ruft Fitus. Der Bürgermeister sagt darauf: „Nun, das ist zwar lieb von euch, aber die Höhe des Wassers wird von uns gesteuert. In Zeiten der Trockenheit wird der Wasserspiegel abgesenkt. Danach wieder gefüllt. Außerdem wird jedes Jahr im Spätsommer und im Herbst der Wasserspiegel für den Hochwasserschutz gesenkt."

„Ach so! Und warum wurde eine Brücke zwischen Asel-Nord und Asel-Süd gebaut?“, fragt das Schweinchen Klecks. „Nein, nein“, sagt der Bürgermeister, „diese 60 Meter lange Ederbrücke überbrückte früher nur den Fluss Eder. Sie wurde 1887 bis 1890 erbaut. Als dann die Ederstaumauer in den Jahren 1908 bis 1914 gebaut wurde, stieg das Wasser und überflutete nicht nur die Brücke, sondern auch drei Dörfer.“

„Ach so, dann zaubere ich das Wasser wieder weg“, sagt der Zauberer. „Ach, lieber Zauberer, lassen wir es so, die Fische und die Schwäne freuen sich so sehr“, antwortet der Bürgermeister.

<u>Der Bürgermeister erzählt eine Wichtel-
Geschichte:</u>

„Tief im riesigen Felsen, auf dem das
Schloss Waldeck steht, hockt der Zwergen-
König Eck! Mit dem Grafengeschlecht
Waldeck verbindet ihn demnach eine
Abmachung: Ewiges Wohnrecht im Felsen
unter gräflichem Schutz für die Wichtel.
Im Gegenzug garantieren die Wichtel dem
Schloss Sicherheit. Es existiert ein
Wichtelpfad von der Schloßstraße, bis
hinauf zum Schloss. Bis heute leben die
Wichtelfamilien in dem riesigen Berg und
bewachen das Schloss. Ab und zu kommen
sie heraus, um nach dem Rechten zu sehen.

An einem Sonntag im Frühjahr waren besonders viele Besucher auf dem Schloss. Ein kleines Mädchen war sehr aufgeregt und wollte unbedingt seiner Mutter zeigen, dass sie einen winzigen Zwerg auf der Fensterbank hat sitzen sehen. Die Mutter ging mit und sah den Zwerg auch.

Ich, als Bürgermeister, kenne natürlich die Wichtel persönlich. Sofort erzählte ich die Geschichte vom Zwergen-König Eck. Die Tochter war nun zufrieden und der winzige Zwerg winkte beiden freundlich zu, als sie hinausgingen.", erzählte der Bürgermeister von Waldeck.

Der Kobold Gilbert kommt aus Amerika zu Besuch

Treue Leser der Fitus-Geschichten wissen, da ist doch noch etwas mit einem anderen Kobold. Richtig! Da gibt es den französischen Kobold Gilbert aus Amerika!

Ja, und nun möchte Gilbert gern Fitus und alle Freunde am Edersee besuchen. „Ich freue mich so sehr, dass Gilbert uns aus Amerika besuchen kommt! Aber wo soll er nur schlafen?", fragt Fitus seine Freunde. „Ich gehe einmal ins Internet und suche bei Google nach einem Quartier", antwortete der Clown Ferdinand. Gesagt, getan!

Nun wisst ihr ja, liebe Kinder, dass Kobolde ganz groß und ganz klein sein können. Gesucht wird also eine klitzekleine Ferienwohnung. Und tatsächlich hat Ferdinand eine Mini-Ferienwohnung gefunden. Seht einmal das Bild an, wie sehr sich Gilbert freut, nachdem er am Edersee angekommen ist.

<u>**Eine Wanderung durch den Nationalpark Kellerwald-Edersee mit Eddi**</u>

Wie jedes Jahr, treffen sich Fitus, Schweinchen Klecks, der Rabe Roger, der Zauberer, der Clown, Zottel, der Hund, und der Ritter Kunibert, um gemeinsam etwas zu unternehmen. Dieses Mal wollen sie gemeinsam eine Wanderung durch den Nationalpark Kellerwald am Edersee machen. Wie immer ist Fitus der, der alle zusammentrommelte. Mit dabei ist Eddi, der Waschbär vom Edersee. Fitus hat auch, wie immer, einen Rucksack mit lauter leckeren Sachen bei sich. Als alle am Treffpunkt angekommen sind, konnte es auch schon

losgehen. Treffpunkt ist immer der Eingang
in den Wald bei Asel-Süd.

Fitus Rucksack war sehr schwer, aber für
den Kobold keine Behinderung, denn er
verfügte über Zauberkräfte, die ihn die
schwersten Sachen tragen ließen, ohne dass
er etwas merkte.

Schon nach den ersten Kilometern huschte ein Luchs an ihnen vorbei. Alle waren erstaunt und wollten wissen, wo die Tiere auf einmal herkamen. Fitus erklärte ihnen alles genau. Fitus meinte, dass sich der Nationalpark-Kellerwald durch den Naturschutz regenerieren konnte. Es entwickelten sich wieder Tiere, die man längst nicht mehr dort vermutet hatte.

Roger, der Rabe, konnte den Edersee überfliegen und war genauso erstaunt. Hastig erzählte er von Rothirschen, Rehen und Wildschweinen. Auch Waschbären, Dachse und Füchse sah er.

Nach einigen Stunden Wanderung durch die unberührte Natur des Waldes suchte Fitus ein trockenes Plätzchen aus. Er breitete eine Decke aus und entleerte seinen Rucksack. Fitus bat alle Platz zu nehmen. Reichlich mit Leckereien war der Rucksack gefüllt und für jeden Geschmack war etwas dabei. Die Krönung war natürlich der selbst gebackene Kuchen von Fitus. Er hatte ihn bei jedem Treffen in seinem Rucksack. Der Tag ging dem Ende entgegen und Fitus sorgte mit seinen Zauberkräften dafür, dass seine Freunde alle schnell wieder zu Hause waren. Ein Wandertag mit Fitus und seinen Freunden ist doch immer ein Erlebnis.

Wissenswertes über Harbshausen:

Harbshausen ist ein kleiner Ortsteil der Gemeinde Vöhl im nordhessischen Landkreis Waldeck-Frankenberg, der direkt an den Nationalpark Kellerwald angrenzt und direkt am Ufer des Edersees liegt.

Die älteste bekannte schriftliche Erwähnung von Harbshausen erfolgte unter dem Namen Harprachtishusen im Jahr 1245 in einem Güterverzeichnis des Klosters Haina. Diese Erwähnung basiert auf dem Verkauf einer Mühle durch Ludwig von Vöhl und seiner Brüder an das Kloster Haina. Vermutlich ist der Ort jedoch wesentlich älter. Für das Jahr 1570 wird der Bau einer Fachwerkkapelle festgehalten. Wegen Baufälligkeit wurde sie in den Jahren 1720 und 1721 komplett neu aufgebaut.

Harbshausen gehörte zunächst zur Landgrafschaft Hessen, seit 1806 zum Großherzogtum Hessen. Dort lag es in dessen Provinz Oberhessen. Nach Auflösung der Ämter im Großherzogtum 1821 gehörte es zum Landratsbezirk Vöhl und zum Bezirk des Landgerichts Vöhl. Die Gemeinde gehörte zu den Landesteilen, die das Großherzogtum nach dem verlorenen Krieg von 1866 mit dem Friedensvertrag vom 3. September 1866 an Preußen abtreten musste. Dort wurde es dem Landkreis Frankenberg und dem Amtsgericht Vöhl zugeordnet.

Harbshausen hat derzeit 134 Einwohner und liegt 300 m über NN, 4,21 qkm, auf der Höhe über dem Edersee (Südufer).

Im Ort befinden sich einige Gewerbebetriebe, Ferienhäuser, Ferienwohnungen und Bauernhofpensionen.

Der nah gelegene Edersee lädt zum Schwimmen, Plantschen, Surfen und anderen Wassersportarten, wie Tauchen oder Wasserski ein. Für Wanderer, Radfahrer oder Reiter ist der Nationalpark

„Kellerwald-Edersee" mit vielen Rad- und Wanderwegen ein weiterer Anziehungspunkt.

Am 31. Dezember 1971 fusionierten im Zuge der Gebietsreform in Hessen die bis dahin selbständigen Gemeinden Harbshausen, Buchenberg, Ederbringhausen, Kirchlotheim, Niederorke, Oberorke und Schmittlotheim freiwillig zur neuen Gemeinde Hessenstein.

Am 1. Januar 1974 wurde die Gemeinde Hessenstein kraft Landesgesetz mit Ittertal (bestehend aus den ehemaligen Gemeinden Dorfitter, Herzhausen und Thalitter), Marienhagen, Obernburg und Vöhl zur neuen Großgemeinde Vöhl zusammengeschlossen.

Für alle ehemals eigenständigen Gemeinden von Vöhl wurden Ortsbezirke mit Ortsbeirat und Ortsvorsteher nach der Hessischen Gemeindeordnung gebildet.[

Hier sind u.a. die Gastgeber zu finden:

https://www.harbshausen.de/

Bauernhofpension Büchsenschütz

Inh. Helmut und Bärbel Büchsenschütz

Seestraße 24, 34516 Vöhl-Harbshausen

Tel.: 05635-286,

Fax.: 05635-9280

www.edersee-bauernhof.de

Ferienhaus Schöneweiß

Inh. Andreas Schöncweiß

Dorfstraße 21a, 34516 Vöhl-Harbshausen

Tel.: 05635-991300

Fax.: 05635-991301

info@ferienhof-edersee.de

www.ferienhof-edersee.de

Pension Lindenhof

Inh. Fam. Prehn

Dorfstr. 10, 34516 Vöhl-Harbshausen

Tel.: 05635-639

Ferienwohnung Bertram

Dorfstraße 7, 34516 Vöhl-Harbshausen

Tel.: 05635-991104

Ferienhaus Ederseeblick

Am Köllenberg 20, 34516 Vöhl-Harbshausen

Telefon: 06455-517

Mobil: 0173-2911201

Telefax: 06455-759316

E-Mail: info@ferienhaus-ederseeblick.de

www.ferienhaus-ederseeblick.de

Naturcamp Edersee

Sport-, Natur- und Erlebniscamp

Im Breitenbachtal 3, 34516 Vöhl-Harbshausen

Tel.: 05635-992612

E-Mail: camp-edersee@sportjugend-hessen.de

www.sportjugend-hessen.de

Ferienhaus Amelie

Herbert Christ

Am Köllenberg 17, 34516 Vöhl-Harbshausen

Telefon: 0160-5530034

E-Mail: kaltmuehle@aol.com

www.ferienhaus-amelie-edersee.de

Ferienzentrum Albert Schweitzer

Albert Schweitzer Lager 3, 34516 Vöhl (Asel/Süd)

Telefon: 05635-210

Telefax: 05635-8274

Kontakt: info@ferien-edersee.de

www.ferien-edersee.de

Besuchen Sie die Seite

https://www.harbshausen.de/

Es lohnt sich!

IDYLLE
IDYLLE

Dorfstraße
Freizeitanlage
Schöneweiß
Grillhütte
P
Himmelsbreite

Blick auf den Estenberg
464 m
Im Vordergrund:
Rabenköppel links
Ochsenbühl rechts
alte Gerichtsstätte
Dort wird im Jahre 1240
Harbshausen
erstmals
urkundlich
erwähnt.

Hagenstein-Route
Ringelsberg-Route

Harbshausen
Hagensteinroute
Ringelsbergroute
NationalparkZentrum
ER2
ER2
National-
park

Die Legende vom Lindwurm

Der Ursprung der Geschichte vom Lindwurm liegt weit zurück und ist mit der Geschichte Harbshausens eng verwoben.

Eines Tages sei er bei der Reinigung des Dorfteiches aus den Tiefen des Wassers und des Schlammes emporgestiegen. Sein Anblick habe alle Harbshäuser in Angst und Schrecken versetzt. Sie bangten um ihr Dorf und um ihr Leben. Entschlossen bewaffneten sie sich mit Äxten, Mistgabeln und Dreschflegeln, und es gelang ihnen , den Lindwurm zu überwältigen und in Ketten zu legen. Sie brachten ihn zum Dorfteich zurück und versenkten ihn in Wasser und Schlamm. Mit dieser mutigen Tat wehrten die Harbshäuser Unheil und Böses von ihrem Dorfe ab. Von Stund an wurden sie wegen ihrer Tapferkeit „die Lindwürmer" genannt. Als Warnung vor allem Bedrohlichen, das ihrem Dorf widerfahren könnte, nahmen sie den Lindwurm in ihr Wappen auf.